그 섬에 무슨 일이 있었을까

생태 환경 동화 - 이스터 섬 이야기
그 섬에 무슨 일이 있었을까

초판 1쇄 | 2003년 5월 10일
개정판 11쇄 | 2015년 3월 9일

글 | 이창형
그림 | 김재홍
펴낸이 | 박현진
펴낸곳 | (주)풀과바람
주소 | 경기도 파주시 광인사길 71(문발동, 파주출판도시)
전화 | (031)955-1515~6
팩스 | (031)955-1517
출판등록 | 2000년 4월 24일 제20-328호
홈페이지 | www.grassandwind.com
이메일 | grassandwind@hanmail.net

ⓒ 글 이창형, 그림 김재홍, 2003

이 책의 출판권은 (주)풀과바람에 있습니다.
저작권법에 의해 보호를 받는 저작물이므로 무단 전재와 복제를 금합니다.

값 | 8,500원
ISBN 89-8389-327-3 73800

※잘못 만들어진 책은 구입처에서 바꾸어 드립니다.

생태 환경 동화 – 이스터 섬 이야기

그 섬에 무슨 일이 있었을까

이창형 글 | 김재홍 그림

바우솔

이야기를 시작하며

남태평양 푸른 바다 한가운데 이스터라는 작은 섬이 있습니다.
바다 깊은 곳에서 화산이 폭발하여 물 위로 솟아난 섬인데
사람이 사는 땅으로는 가장 외떨어진 곳에 있지요.
이스터 섬에는 풀기 어려운 수수께끼 같은 이야기가
전해 오고 있어요. 섬 곳곳에 널브러져 있는 '모아이'라는
거대한 돌로 만든 조각상에 대한 이야기지요.
모아이는 사람 모양을 하고 있는데, 굉장히 오래 전에
만들어진 것이라고 해요.

섬을 찾는 사람들은 모아이를 보며 신비감에 빠져든답니다.
"저토록 큰 돌조각 상을 어떻게 만들었을까?"
"누가, 왜 저런 걸 만들었을까?"
정말이지 수수께끼 같은 일이지요.
누가, 왜, 어떻게 모아이를 만들었을까요?
여러분도 궁금하지요?
어쩌면 모아이가 그 비밀을 말해 줄지도 몰라요.
그럼 모아이를 찾아 이스터 섬으로 떠나 볼까요.

남태평양 바다 한가운데, 작은 무인도.
그 곳에 살아 숨쉬는 거라고는 앵무새와 뜸부기,
왜가리들, 그리고 바람 따라 움직이는 나무들뿐이었어요.
한없이 평화롭고, 한없이 고요한 섬이었답니다.

그러던 어느 날, 그 섬의 고요를 깨는 일이 일어났어요.
좁고 긴 통나무 배 두 개를 붙인 카누 몇 대가
섬에 들어온 거예요. 카누가 바닷가에 닿자 아이들이 먼저 뛰
어내렸어요. 그 뒤를 어른들이 줄지어 내렸어요.
배에 타고 있던 닭들도 오랜 항해를 마친 게 좋은 듯
날개를 퍼덕이며 서둘러 따라내렸지요.
남자들이 모래사장으로 배를 끌어올리자,
여자들은 배에서 짐을 내렸어요.
그 속에는 집을 짓고, 농사를 지을 도구와
얼마 동안 먹을 양식이 들어 있었지요.
양식 중에는 갈색 쥐도 있었는데,
갈색 쥐는 아이들에겐 장난감이기도 했답니다.

사람들은 내리자마자, 집을 짓기 시작했어요.
나무를 잘라 기둥을 세우고,
야자나무 잎으로 지붕을 덮었어요.
숲을 일구어 자그마한 밭도 만들었어요.
농작물이 잘 자랄 수 있는 영양분이 풍부한 흙이었어요.
사람들은 열심히 씨앗을 뿌리고,
고구마와 사탕수수도 심었어요.

남자들은 커다란 나무를 잘라 와서
고기잡이배를 만들었어요. 야자나무 줄기를 끊어다가
튼튼한 그물도 만들었답니다. 남자들이 배를 만드는 동안
여자들은 쥐를 굽고, 곡식을 빻아 죽을 끓였어요.
그리고 모두가 둥그렇게 모여 앉아 식사를 했답니다.
열심히 일한 뒤라,
모든 음식은 진수성찬으로 느껴졌지요.
저녁 식사가 끝나고 나면, 할아버지나 할머니들이
재미있는 옛날 이야기를 들려주었어요.
그리고 저녁 노을이 사라지고 어둠이 깊어지면
잠자리에 들었답니다.

섬은 점점 더 다른 모습으로 바뀌어갔어요.
이곳 저곳에 마을이 생겼지요.
농부들은 숲을 불태워 더 넓은 밭을 일구고,
어부들은 더 먼 바다로 나갈 수 있는
크고 튼튼한 배들을 만들었어요.
밭이 넓어지고 배가 늘어가자 먹을 게 풍부해졌어요.
사람들은 모두 섬이 살기 좋아졌다고 기뻐했지만
단 한 사람, 푸아푸아만은 그렇지 않았답니다.

푸아푸아는 섬에서 가장 현명하고 나이 많은 추장이에요.
푸아푸아 추장은 요즘 걱정이 많아요.
숲이 눈에 띄게 줄어들고 있었기 때문이에요.
"여러분, 더 이상 나무를 베거나 불태워서는 안 됩니다."

푸아푸아 추장은 늘 마을 사람들에게
숲을 소중히 여기라고 말했어요.
"숲은 우리의 생명입니다.
숲이 사라지면 우리도 사라지게 됩니다!"
푸아푸아는 추장들 중에서도 지혜롭고 현명하기로
유명했어요. 그래서 푸아푸아 추장의 마을 사람들은
그의 말을 잘 따랐지요.
"추장님은 항상 옳은 말씀만 하셔."
"추장님께서 시키는 대로만 하면
우린 잘 살 거야!"
그래서 푸아푸아 추장의 마을은 밭도
넓히지 않았고 큰 배도 만들지 않았어요.
그리고 그것을 불평하는 사람도 없었답니다.

쩡! 쩡! 쩡!
조용하던 마을은 쇠망치와 정 소리로
조용할 날이 없었어요.
검은 바윗덩이를 잘라 사람을 닮은
돌조각 상을 만들기 시작했거든요.
섬 사람들은 그 돌조각 상을 '모아이'라고 불렀어요.
그리고 그 모아이가 나쁜 액운으로부터
마을을 지켜 준다고 믿었어요.
모아이는 몸은 없고 얼굴만 큼지막하거나
삿갓처럼 생긴 붉은 모자를 쓴 것도 있었어요.
그러나 모두 툭 튀어나온 눈과 커다란 코를 가졌답니다.
말없이 서 있는 모아이의 모습은 무섭게도,
또는 슬프게도 보였지요.

마을에서 멀리 떨어진 곳에 검은 바위 언덕이 있었어요.
사람들은 그 바위를 깎아 모아이를 만들었어요.
욕심쟁이 추장들은 다른 마을보다 더 큰 모아이를
만들기 위해 바위를 아주 크게 잘라냈어요.
그런데 한 가지 문제가 생겼어요.
바위가 너무 커서 사람의 힘으로는
도저히 옮길 수가 없었거든요. 추장들은 어떻게 하면
커다란 바윗덩이를 옮길 수 있을까 궁리했어요.
그러다가 한 추장이 무릎을 쳤어요.
"그래, 썰매를 만들면 되겠어!"

추장의 명령이 떨어지자 일꾼들은 부지런히 썰매를
만들었어요. 하우하우 줄기를 벗겨서 튼튼한 밧줄을
만들고, 통나무를 엮어 널따란 판을 만들었지요.
그 판에 밧줄을 묶어서 썰매를 만들었어요.
이동하는 길목에는 동글동글하게 다듬은 통나무를
이어 놓아, 잘 미끄러져 갈 수 있도록 했어요.
그리곤 썰매 위에 바윗덩이를 실었지요.
"하나 둘! 영차, 영차!"
준비가 끝나자 일꾼들이 장단을 맞추어 힘껏
썰매를 끌어당겼어요.

그러자 드르륵 소리가 나면서 썰매가 움직였어요.
"썰매가 움직인다!"
신이 난 추장은 환호성을 질렀어요.
그걸 본 다른 추장들이 가만히 있을 리가 없었지요.
모든 사람들이 앞다투어 썰매를 만들기 시작했어요.
온 마을에는 잘리고 벗겨진 야자나무 냄새가
진동을 했지요.

그러던 어느 날이었어요.
보다못해 푸아푸아 추장이 다른 마을 추장들을
모두 불러 모았어요.
"바빠 죽겠는데 왜
오라 가라 하는 거야!"

누군가의 입에서 불평이 터져 나왔어요.
그러자 다른 추장들도 맞장구를 쳤어요.
"그래, 맞아! 자기가 뭔데 이래라저래라하는 거야!"
푸아푸아 추장은 다른 추장들에게 말했어요.
"형제들이여, 우리는 숲을 보호해야 합니다.
나무는 우리에게 생명입니다."
그 때, 섬에서 가장 큰 마을을 다스리는 추장이
코웃음을 쳤어요.
"흥, 나무가 생명이라고? 말도 안 되는 소리!"
"나무가 살아야 우리도……."
다른 추장이 푸아푸아 추장의 말을 가로챘어요.
"이 섬에는 널린 게 나무요!"

다른 추장들이 거들자 용기를 얻은 큰 마을 추장이
더 큰소리로 말했어요.
"우린 나무가 없어도 얼마든지 잘살 수 있소.
죽지 않는단 말이오!"
그러고는 일어나 자리를 떠나 버렸지요.
"그래, 우리가 푸아푸아의 말대로 할 이유가 없지."
다른 추장들도 투덜대며 큰 마을 추장을 따랐어요.
다 같은 추장인데 이래라저래라하는 푸아푸아 추장이
못마땅했던 거예요.

그 후, 섬 마을에는 쇠망치 소리가 더욱 높아갔어요.
한 마을에서 사람 두 배만 한 모아이를 만들면,
다른 마을에서는 그것의 두 배인 모아이를 만들었지요.
추장들은 이런 잠꼬대까지 했어요.
"더 크게, 더 많이!"
일이 늦어진다고 작업장의 조각가들을 닦달했지요.
"모아이 하나 만드는 데 뭐 이리 오래 걸린담!
조각가를 더 늘려야겠어."
조바심이 난 추장들은 아이들까지 조각가로 만들었어요.

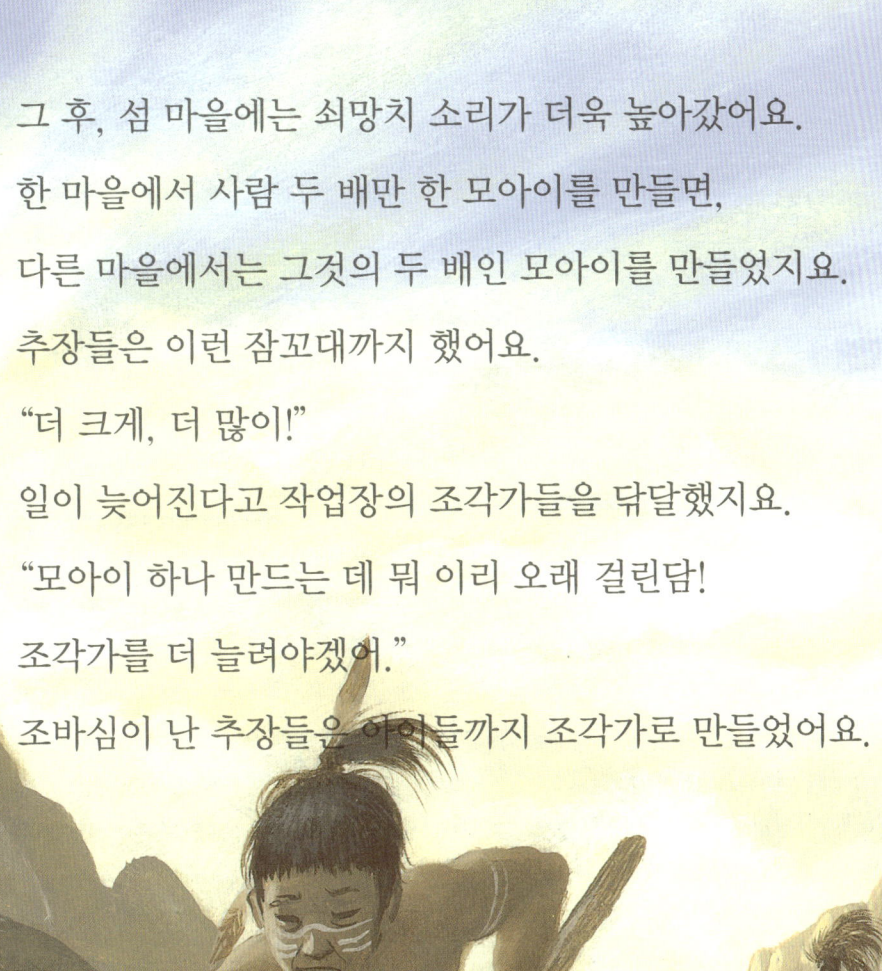

밭에도 바다에도 일하는 사람이 없어졌지요.
곡식들은 시들시들 메말라 가고,
배는 여기저기 부서진 채 모래사장을 나뒹굴었어요.
그런데도 누구 하나 그런 일에 마음을 쓰지 않았어요.
사람들 머릿속엔 오로지 모아이 생각뿐이었으니까요.

"영차! 영차!"
사람들이 모아이를 세우느라 야단법석이었어요.
어마어마하게 무거운 돌덩이라 쉽게 세워지질
않았거든요. 여러 번 실패를 거듭한 끝에
드디어 모아이를 세울 방법을 찾아냈어요.
일꾼들은 먼저 높은 나무 망루에 모아이를 묶었어요.
그리고 망루와 모아이를 움직이지 않게 꽁꽁 묶고
이리저리 밧줄을 매고 지렛대로 들어올렸답니다.
마침내 커다란 모아이가 푸른 하늘에 우뚝 솟았어요.
추장과 일꾼들이 모아이를 돌며
노래를 부르고 춤을 추었지요.

모아이가 늘어갈수록 숲은 급격히 줄어갔어요.
푸아푸아 추장이 여러 번 다른 추장들을 찾아가
더 이상 나무를 베지 말라고 말했지만
아무 소용이 없었지요.
푸아푸아 추장의 근심은 더욱 깊어갔답니다.
푸아푸아 추장은 마을 사람들을 불러 모았어요.
"숲이 사라지면 곧 섬도 위험해질 것입니다."
위험이 닥친다는 추장의 말에 마을 사람들은
술렁이기 시작했어요. 그러자 푸아추아 추장은
조금 부드러워진 목소리로 말했어요.
"하지만 너무 두려워하지 마시오.
우리는 잠시 이 섬을 떠나 있을 겁니다."

그러면서 추장은 팔을 뻗어 바다 너머를 가리켰어요.
멀리 작은 섬 하나가 보였지요.
고기잡이를 하다가 큰 파도를 만나면
잠시 배를 대는 붉은 섬이었어요.

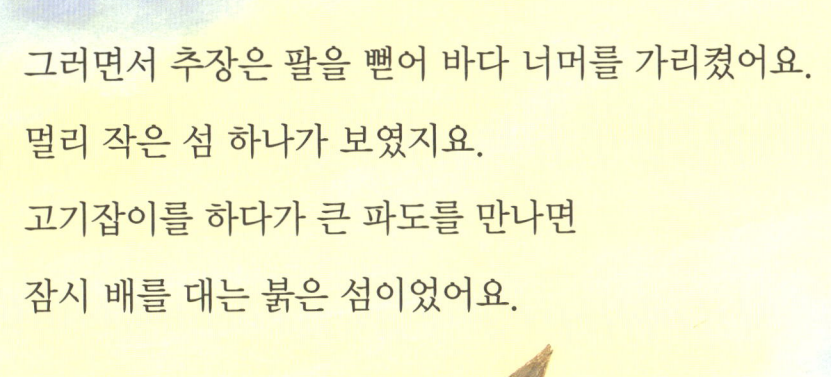

푸아푸아 추장의 마을 사람들은 몸도 마음도 바빠졌어요.
섬을 떠날 준비를 해야 했거든요.
붉은 섬은 농사지을 땅이 매우 적어서
사람들이 먹을 양식을 충분히 가지고 가야 했어요.

푸아푸아 추장은 마을 사람 몇 명과
씨앗을 찾기 위해 숲으로 갔어요.
"맙소사!"
숲에 이르자 추장과 사람들의 입에서 한숨 소리가
터져 나왔어요. 울창하던 숲은 온데간데없고
잘려진 나무 그루터기만 즐비했거든요.

숲은 벌써 죽어가고 있었던 거예요.
새 소리 하나 들리지 않는 숲에서
들쥐들만이 썩어가는 야자 열매를 먹고 있었지요.
푸아푸아 추장이 슬픈 목소리로 말했어요.
"씨앗과 살아 있는 새를 찾아봅시다."
사람들은 구석구석을 뒤져 씨앗을 찾아냈어요.
또 앵무새와 뜸부기, 올빼미도 찾아냈지요.

이른 아침부터 작은 포구는 섬을 떠나는 사람들과
그들을 구경하러 나온 사람들로 북적였어요.
구경 나온 사람들은 저마다 한마디씩 하며 비웃었어요.
"겁쟁이들 같으니라고!"
"이렇게 멀쩡한 섬에 무슨 일이 일어난다는 거야?"
그러나 푸아푸아 추장 마을 사람들은
묵묵히 곡식 자루를 챙기고
닭과 새, 쓸 물건들을 배에 실었지요.

아이들과 여자들이 먼저 배에 오르고,
남자들이 그 뒤를 따랐어요.
"어영차! 어기영차!"
힘차게 노 젓는 소리와 함께
배는 바다로 미끄러져 나갔어요.
'저 섬에 과연 무슨 일이 일어날까?'
멀어져 가는 섬을 뒤로 한 사람들도
앞으로의 일이 정말 궁금했어요.
사실 이 섬에 어떤 일이 닥칠지는
푸아푸아 추장도 정확히 알지는 못했어요.
다만 마음 속으로 기도할 뿐이었지요.
'신이시여, 저들을 용서하소서!'

섬에 남은 추장들은 신이 났지요.
푸아푸아 추장이 없는 섬은
감독관 없는 시험장이었거든요.
"이봐, 빨리 하라구, 빨리 하란 말이야!"
추장은 일꾼들을 더 다그쳤어요.
더 많이, 더 빨리, 그리고 더 크게…….
어느 새, 바닷가 구릉은 거대한 돌조각 상들로
가득 들어찼지요.

이제 섬에 남아 있는 나무라곤
손가락으로 꼽을 정도가 되었어요.
섬에 남은 사람들도 조금씩 걱정이 되기 시작했어요.
하지만 그 누구도 반대할 수가 없었지요.
조각가들도 추장만큼 으스대며 살았어요.
조각가들은 사람들을 협박해 나무를 더 베어 오게 했어요.
"겁쟁이들 같으니라고! 어서 나무를 베란 말야, 어서!"
급기야 섬에는 단 한 그루의 나무도
남지 않게 되었답니다.

쿠르릉! 콰콰쾅!

갑자기 시커먼 구름이 몰려와 온 섬을 뒤덮었어요.

어두워진 하늘엔 번개가 번쩍이고, 천둥소리도 요란했지요. 이내 세찬 바람과 함께 장대비가 쏟아졌어요.

사람들은 하던 일을 내팽개치고 집으로 뛰어들어갔어요.

조각가들도 추장들도 앞다투어 달아났지요.

아이들은 놀라 울음을 터뜨리고,

닭들은 이리저리 푸드득거렸어요.

폭풍우는 며칠 동안 쉬지 않고 무섭게 불어 닥쳤어요.
사람들은 두려움에 떨며 비가 그치게 해 달라고
빌고 또 빌었지요.
무섭게 내리치던 비바람이 드디어 멎었어요.
그런데 이제는 태양이 온 섬을 태워 버릴 듯이
내리쬐었어요.
밖으로 나갔다간 살갗을 데일 정도였지요.

51

그렇게 또 며칠이 지난 뒤,
사람들은 바깥으로 나가 보았어요.
기름지던 흙은 빗물에 씻겨 나가 거친 돌만
남아 있었어요. 배들은 파도에 부서지고,
그물은 찢겨 있었지요.
사람들은 절망에 빠졌어요.
돌밭에 씨를 뿌려도 곡식이 자랄 리 없고,
고기잡이배를 만들 나무 한 그루도 없었으니까요.

모두들 굶주렸어요.
추장들이 머리를 맞대고 궁리했지만
뾰족한 수가 없었지요.
이제 섬 사람들은 꼼짝없이 굶어 죽게 되었어요.
'푸아푸아 추장의 말을 들었어야 했는데…….'
그제야 추장들은 뒤늦은 후회를 했어요.
큰 마을의 추장은 괴로워하다가
절벽에서 몸을 던졌어요.
시간이 지나면서 죽음의 공포가 온 섬을 뒤덮었지요.
굶주려서 죽는 사람이 하나 둘 늘어나고,
남은 사람들은 점점 포악해져 갔어요.

굶주림으로 포악해질 대로 포악해진 사람들은
싸움을 하기 시작했어요.
이웃 마을에 쳐들어가 모아이를 넘어뜨리고,
집에 불을 지르고, 사람들을 죽였어요.
겁에 질린 여자들과 아이들은 동굴로 숨었지요.

더 이상 싸울 사람이 없을 때까지
전쟁은 계속되었답니다.
섬 곳곳에 시체와 모아이가 나뒹굴고,
검은 재와 검은 연기가 섬을 뒤덮었지요.
이 섬이 한때 평화롭고 아름다웠던 그 섬이라고
상상조차 할 수 없을 만큼 섬은 초토화되어 버렸어요.

붉은 섬 쪽에서 여러 척의
배가 다가오고 있었어요.
섬을 떠났던 푸아푸아 추장과
마을 사람들이었지요.
배에서 앵무새 한 쌍이
먼저 섬으로 날아왔어요.
푸아푸아 추장과 마을 사람들은
다시 돌아온 이스터 섬에서
열심히 일할 거예요.
야자나무에 커다란 열매가
다시 열릴 때까지 말이에요.

이야기를 마치며

작은 섬이 주는 큰 교훈

이 이야기는 실제로 있었던 일을 동화로 꾸민 것입니다.

남태평양 한가운데 있는 이스터라는 섬의 이야기지요.

네덜란드 탐험가 로헤벤이 1722년 서양인으로는 처음으로 이 섬을 발견했습니다. 그 때가 부활절(Easter day)이라, 섬 이름을 '이스터'라고 부르게 된 거죠. 하지만 섬에 살고 있는 주민들은 자신들의 섬을 '큰 섬'이라는 뜻의 '라파누이'라고 부른답니다. 현재 이스터 섬은 칠레 땅이며, 섬에 살고 있는 사람은 2천 명쯤 된답니다.

이스터 섬은 제주도의 10분의 1밖에 안 되는 작은 섬이지만 세계적으로 유명한 섬이랍니다. 섬에 있는 몇백 개의 거대한 돌조각 상인 모아이 때문이지요. 가장 큰 모아이는 높이가 10미터에 무게가 90톤이나 된다고 합니다.

처음 이스터 섬을 방문한 유럽 사람들은 깜짝 놀랐다고 합니다. 섬에는 몇 안 되는 원주민들만 가난하게 살고 있었고, 메마른 땅에는 나무도 거의 없었기 때문입니다. 그러니 그 많은 돌조각 상을 누가 만들었고, 또 어떻게 옮기고 세웠는지 이해할 수 없었지요. 그래서 외계인이 섬에 왔다거나, 바다 밑으로 가라앉은 문명인들이 있었다는 이야기까지 생겼답니다.

하지만 모아이의 주인은 외계인도 사라진 문명인도 아니었지요. 바로 섬에 살고 있는 원주민들이었습니다. 학자들에 따르면, 이스터 섬은 원래 숲이 우거져 있었다고 합니다. 숲에는 앵무새, 뜸부기, 백로, 올빼미, 왜가리들이 살고 있었고 각종 바닷새들도 많이 있었지요.

그런데 섬에 사람이 살기 시작하면서 환경이 조금씩 달라지기 시작했습니다. 작은 섬에 인구가 늘어나자 경작지도 늘어나고 나무와 같은 자원도 더 많이 필요했지요.

또 섬 사람들은 모아이를 만들면서 그것을 옮기고 세우기 위해 나무를 많이 베었습니다. 모아이를 만드는 일은 오랫동안 계속되었고, 그 결과 숲이 빠르게 사라져 갔답니다.

사람들이 섬으로 들여온 갈색 쥐들도 들쥐가 되어 숲을 망가뜨렸습니다. 숲이 사라지니 어떻게 되겠어요?

살 곳이 없어진 새들은 숲을 떠나 버렸고, 꽃가루받이를 해 주고

씨앗을 퍼뜨려 주던 새들이 없으니 어린 나무가 자랄 수 없었지요.

헐벗은 땅은 햇볕에 메마르고, 먼지가 되어 빗물에 씻기고 바람에 날아갔습니다. 하천도 메말라 버렸지요. 땅이 헐벗고 물이 없으니 농사가 제대로 될 리 없었지요.

고기잡이도 할 수 없게 되었습니다. 배를 만들 만한 큰 나무가 없었기 때문이지요. 섬을 빠져 나가고 싶어도 섬을 빠져 나갈 배 한 척도 만들 수 없었답니다.

마침내 식량이 바닥나 전쟁이 일어났지요. 끔찍하게도 사람을 잡아먹는 식인 행위까지 벌어졌다고 합니다.

이스터 섬 이야기는 우리에게 큰 교훈을 줍니다. 이스터 섬의 역사를 연구한 클라이브 폰팅의 말을 들어 보세요.

"이스터 섬의 역사는 인간이 자연에 의존한다는 사실을 일깨워 줍니다. 그리고 우리가 자연을 돌이킬 수 없이 파괴할 때 우리에게 어떤 일이 일어나는지를 보여 줍니다."

폰팅은 계속 다음과 같이 말했습니다.

"이스터 섬과 마찬가지로 지구에는 자원이 제한되어 있습니다. 만약 이스터 섬에서와 같은 일이 일어난다면 인류도 섬 사람들처

럼 지구를 떠나야 할지도 모릅니다."

맞아요. 지구도 하나의 섬입니다. 물론 지구는 이스터 섬에 비해 훨씬 더 크고 동식물과 자원도 많지요. 하지만 인구가 늘어나고 생활이 복잡해지면서 점점 더 많은 식량과 자원이 필요한 게 사실입니다. 그러다 보니 지구 곳곳이 파헤쳐지고 숲이 사라져 가고 있습니다. 사라지는 동물과 식물의 숫자도 점점 늘어나고 있지요.

이러다가는 지구도 이스터 섬처럼 될지 모르지요. 우리는 역사를 통해서 많은 것을 배울 수 있습니다. 더 늦기 전에 이스터 섬의 교훈을 통해 자연의 소중함을 배워야 합니다.

이제 어린이 여러분이 앞장서도록 하세요. 여러분 스스로 자연을 아끼고 지구를 보호하는 방법들을 생각해 보세요.

울창한 숲이 한 그루의 나무에서 시작되듯이, 푸르고 건강한 지구는 여러분 한 사람 한 사람의 노력으로 시작된답니다.

미래를 위해 지구가 단 하나뿐인 섬이란 사실을 잊지 마세요!

제주섬에서 이창형